Junior Pérets

Comment réussir avec les autres

Les relations humaines comme une arithmétique

ISBN : 978-2-9564693-0-8
Dépôt légal : juin 2018

Le Code de la propriété intellectuelle n'autorisant, aux termes des paragraphes 2 et 3 de l'article L.122-5, d'une part, que les « copies ou reproductions strictement réservées à l'usage privé du copiste et non destinées à une utilisation collective » et, d'autre part, sous réserve du nom de l'auteur et de la source, que les « analyses et les courtes citations justifiées par le caractère critique, polémique, pédagogique, scientifique ou d'information », toute représentation ou reproduction intégrale ou partielle, faite sans le consentement de l'auteur ou de ses ayants droit ou ayants cause, est illicite (article L.122-4). Cette représentation ou reproduction, par quelque procédé que ce soit, constituerait donc une contrefaçon sanctionnée par les articles L.335-2 et suivants du Code de la propriété intellectuelle. Nous rappelons donc que toute reproduction, partielle ou totale, du présent ouvrage est interdite sauf autorisation de l'Éditeur ou du Centre français d'exploitation du droit de copie (CFC-3, rue d'Hautefeuille-75006 Paris).

Table des matières

Préface   1

Pourquoi j'ai écrit   2

Et vous dans tout ça ?   8

Types de relations qu'on rencontre tous dans la vie...11

Trois types de pouvoirs 15

Le passé et les influences 16

Vous avez quelque chose à donner aux autres   21

La vision 27

Les autres : la plus grande prison à ciel ouvert   29

**Les relations humaines :
une arithmétique**   39

Addition 43

Soustraction 48

Division 59

Multiplication 63

Si je ne le dis pas   70

Les relations et la destinée 74

Le « Crabisme » 77

La séparation 78

A qui profite votre vie ? 80

La vie est un écho   **83**

Références
Bibliographiques   **87**

Si tu veux aller vite, va seul. Si tu veux aller loin, fais-toi accompagner. **Proverbe Africain**

Ton bonheur n'est pas ailleurs. Il est dans ton entourage. Ne cherche pas ce qui est confusément au loin.

Remerciements

La gratitude est une culture qu'on ne trouve pas chez les vulgaires. Dale Carnegie - Extrait de *Comment dominer le stress et les soucis.*

Nos sincères remerciements vont à l'endroit :

- d'Ullrich et Phanie Tendayi, c'est en réfléchissant au message que je devais leur adresser à l'occasion de leur mariage que m'est venue l'idée d'écrire ;

- de mes parents, André Georges Mbuyi Kalama (Papa Mbuyi) et Henriette Mayamba (Maman Mbuyi). Comme l'a dit quelqu'un : « La mère soulève l'enfant sur sa taille pour le nourrir, le câliner et l'endormir. Mais le père soulève l'enfant sur les épaules pour lui faire voir le monde qu'il ne pouvait pas voir » ;

- de Mwembia Kabeya, Accélérateur de compétences et Directeur de Man Project (« J'en ai rêvé, Man Project m'aide à le réaliser. »), qui, au cours de ses vacances en 2007, nous a guidés en disant qu'une vision sans action n'est que rêverie mais que des actions sans vision ne sont que passe-temps. Il a été le premier à corriger la version initiale du manuscrit. Je n'ai pas oublié Marthe Mwembia ;

-Moise Eric, Arlette, Bob, Christelle et Joël pour leur soutien ;

- de Papy Claude Bolaluembe qui n'a cessé de critiquer d'une manière constructive notre façon d'écrire ;

- de Héritier Diniame pour ses corrections, Lise Bethy Mavoungou pour son soutien en tant que sœur et amie et Korotoum Soumahoro ;

- de mes amies Henriette Londola, Gloria Takaewona et Ruth Muakana qui m'ont demandé d'écrire un livre parce qu'elles trouvaient mes réflexions intéressantes sans savoir que j'écrivais déjà ;

- de Berto Malouna, ami de Sina Rosalinda Kabeya, pour ses précieux conseils ;

- de Amos Musula, Hubert Kwilu et Valentin Omassombo pour leur soutien ;

- de Carine Roudière Sébastien pour ses précieuses corrections ;

- de Jean-Paul Babungu.

La liste n'est pas exhaustive et je suis complètement dépassé par le nombre de membres de ma famille, d'amis, de collègues et de tous ceux qui m'ont aidé pour ce livre. Ils ont formé une véritable équipe dès le début. Que tous ceux qui se reconnaîtront dans leur contribution à cette œuvre trouvent par ces mots l'expression de notre profonde gratitude. J'ai écrit avec vous. Je vous remercies aussi.

Préface

Les relations humaines comme une arithmétique, c'est avec plaisir que je préface ce livre car il me révèle les relations humaines sous une facette que je n'avais jamais envisagée pendant mes quelques années d'exercice en qualité de Trainer-Coach, certifié Dale Carnegie.

En évoquant cette notion « d'arithmétique », Junior introduit de la méthode dans l'application des relations humaines et fait ainsi entrer la notion d'efficience qui permet de retrouver Descartes : « Sans méthode, même le génie s'égare. Avec une bonne méthode, un esprit ordinaire peut faire œuvre utile. »Avec cette approche, la méthode disciplinera-t-elle nos émotions ? Je laisse chacun se faire une opinion.

Kabeya MWEMBIA
Trainer-Coach Certifié Dale Carnegie

Pourquoi j'ai écrit

En 2008, lors d'une exhortation sur la pêche miraculeuse [1], le frère Julien Patauli a dit une chose qui m'est resté en mémoire : "*dans toute relation de la vie, les quatre opérations de l'arithmétique interviennent, à savoir : la soustraction, l'addition, la division et la multiplication.*"

En janvier 2017, sur la recommandation d'un ami, j'ai regardé le film *Le Missionnaire* de Jean-Marie Bigard et Doudi Stratjmayster. Dans une séquence du film, Jean-Marie Bigard déclare : "*nos différences, il ne faut pas les combattre mais les additionner.*" C'est en réfléchissant au message que je devais écrire sur la carte destinée à un membre de ma famille qui allait se marier que les éléments ci-dessus me sont revenus : dans le mariage comme

---

[1] Luc 5.1-11 (Voir la Bible)

dans toute autre relation humaine, les quatre opérations de l'arithmétique interviennent. Et voici ce que j'écrivis :
« Mon souhait est que votre mariage soit : une soustraction de la solitude, une addition de vos différences, une division de vos responsabilités et une multiplication de vos capacités ».

L'idée m'est alors venue de me documenter à nouveau sur les relations humaines. Bien sûr, depuis 2008, j'avais multiplié mes lectures sur ce sujet. Et puis, je suis moi-même le produit de relations humaines. C'est ainsi qu'est née l'idée d'écrire sur la manière de réussir avec les autres (Les relations humaines comme une arithmétique). Auparavant, j'ignorais le côté « relation humaine ». Ce sont mes parents et certains de mes amis qui ne cessaient de m'en parler. Le temps m'a aussi appris à m'y intéresser.

Comme l'a dit Dédé Kasay (2008) : "*lorsque le concept est erroné, les résultats seront infailliblement erronés."* Nous allons donc d'abord définir le concept de « relations humaines ». C'est l'ensemble des interactions qu'entretiennent les individus au sein d'une société. En ce qui concerne l'arithmétique, c'est la science qui a pour objet l'étude de la formation des nombres, de leurs propriétés et des rapports qui existent entre eux (théories des opérations ; soustraction, addition, division et multiplication). « Les relations humaines comme une arithmétique » c'est l'idée que, dans nos relations avec les autres, il y a des choses qui se soustraient de nous en interagissant avec les autres. Il y a l'apport de nos semblables dans notre vie. Il y a l'aide que nous recevons d'autrui. Enfin, nous devenons capables d'accomplir des choses dont nous étions incapables auparavant et nous pouvons même aller au-delà. Les relations humaines constituent le fondement sur lequel repose le processus de développement de la personne, de la découverte de soi et des autres.

Si vous avez ce document entre les mains, c'est que vous avez envie de réussir. Beaucoup croient qu'ils peuvent réussir seuls, mais vous ne pouvez pas réussir sans l'aide d'une autre personne. Vous allez vous rendre compte que, depuis votre naissance, votre vie, du lever au coucher, est nourrie par la contribution de plusieurs personnes. Il y a une chaîne humaine en votre faveur, gratuite et payante à la fois.

Si j'ai écrit, c'est parce que je n'ai pas voulu en rester au stade où notre connaissance ne sert qu'aux blâmes, aux critiques et aux remarques envers les autres. J'ai jugé utile de partager avec les autres ce que j'ai appris. Ainsi, je continue à apprendre de ce que j'ai moi-même écrit. Loin de moi la prétention de tout connaître. Si nos écrits sont émaillés de nombreuses citations, ce n'est pas uniquement pour donner à nos propos l'appui dont ils pouvaient avoir besoin, mais surtout pour rendre justice aux auteurs qui nous ont inspirés. Leurs points de vue nous ont aidés à prendre du recul et à mieux situer les enjeux auxquels nous confronte la vie. Je ne suis pas un donneur de leçons, mais ce que j'ai appris, je m'efforce de le pratiquer. Dale Carnegie a dit : " *les idées les plus brillantes au monde sont sans valeur si vous ne les partagez pas*".

Le but n'est pas de se risquer présomptueusement à écrire ce qu'il conviendrait de faire, mais bien d'éclairer le lecteur sur les enjeux et sur le caractère globalisant de notre sujet. L'objectif est d'éveiller ceux qui ne connaissent pas l'importance des relations humaines, éveil qui va inévitablement soulever des écueils. C'est aussi un rappel pour ceux qui en connaissent l'importance. Je ne pense pas développer de grandes thèses mais plutôt nous aider dans la vie de chaque jour. Ce n'est pas seulement pour comprendre les relations humaines, mais pour que nous apprenions à les vivre pleinement.

Et vous dans tout ça ?

Nous aborderons les avantages des relations humaines. Lorsqu'on évoque des avantages, on est immédiatement tentés de tout faire pour les obtenir. Mais vous risqueriez d'être aussi tenté par la manipulation, l'hypocrisie et l'imitation. Moise Mbiye a dit : *"Tout approuver des autres sur nous, c'est tout renier"*. Vous risquez également de vivre une vie qui n'est pas le vôtre. Comme l'a dit Emerson : *"Il arrive un temps dans l'apprentissage de tout être humain où il acquiert la conviction que la jalousie c'est de l'ignorance. L'imitation est un suicide."*

En ce qui concerne les relations humaines, il peut vous arriver de vous poser la question suivante : « Et moi dans tout ça ? Et si je n'ai pas de relations ? »

Les relations se créent par proximité (la rue, le quartier ...), par domaine d'intérêt ou par recommandation. Si vous n'avez pas de relations, vous pouvez les créer. Il y a des relations que nous ne choisissons pas (la famille et les voisins) et celles que nous choisissons. Nous ne choisissons pas les membres de notre famille. Mais nous choisissons la manière dont nous traitons notre famille. Nous faisons le choix d'entretenir ou de négliger nos relations familiales. Chaque famille comporte une ou plusieurs personnes qui sont à la base de tensions dans les relations. Souvent nous tombons dans la tentation de vouloir être seul pour satisfaire le sentiment illusoire d'être indépendant. Aujourd'hui, il n'y a personne qui puisse évoluer en vase clos. Le plus haut niveau dans la vie n'est pas l'indépendance mais l'interdépendance c'est-à-dire que ce que vous avez, vous le mettez au service des autres et vice versa. La vie est trop courte et nous ne pouvons tout apprendre de nous-même. Un conseil peut nous éviter des années de souffrances.

L'un des grands problèmes que posent les relations humaines vient de ce que la plupart des gens s'engagent dans une relation dans le seul but d'obtenir quelque chose : ils essaient de rencontrer quelqu'un avec qui ils se sentiront à l'aise. En réalité, la relation que vous vivez ne peut durer que si vous l'envisagez dans le but de donner, et non dans le but de recevoir. Votre volonté de créer des relations ne doit pas seulement être justifiée par l'objectif de recevoir un bénéfice des autres, mais par l'objectif inverse. Ceux qui cherchent à obtenir le bonheur ne sont habituellement pas ceux qui l'obtiennent, ce sont plutôt ceux qui cherchent à le donner. Nous ne devons pas attendre que les autres fassent de bonnes choses pour nous. « Nous n'aurons vécu utilement que quand nous aurons contribué à construire le bonheur des autres », a dit Radar Nishuli.

Types de relations qu'on rencontre tous dans la vie

Dans nos relations en général, nous ne faisons pas toujours la part des choses. Pour mieux vivre et atteindre vos objectifs, vous devez savoir qu'il existe plusieurs types de personnes que vous rencontrez dans la vie. Afrikmag les regroupent en six types :

Les compagnons
Ce sont les personnes qui sont avec vous de manière inconditionnelle toute la vie. Elles vous aiment et vous soutiennent comme vous êtes. En effet, elles connaissent vos défauts et vos qualités et vous acceptent. Elles veulent vous aider à être une meilleure personne. En plus, elles voient le meilleur en vous. Capables de vous

reprendre pour vos erreurs, elles font preuve de vérité, de fidélité et de bienveillance à votre égard. Ce sont des compagnons pour la vie. Félix Wazekwa : *"Si tu veux aller loin, tu n'as pas seulement besoin des gens qui t'acclament mais des gens qui te disent : « Ce que tu fais n'est pas bien ». Ne reste pas en contact avec des médiocres pour te croire savant et n'hésite pas à avoir des gens qui sont plus compétents que toi"*. Si tu as des compétences que les autres n'ont pas, ne les rejette pas. Ils ont des compétences que toi tu n'as pas.

Les saisonniers
Certaines personnes entrent dans nos vies pour une saison. Ce sont des personnes qui sont auprès de vous pour ce que vous êtes et pour ce que vous représentez. En effet, ces personnes-là sont à vos côtés pour un but à court terme. Une fois que ce but est atteint, elles s'en vont. En général, vous gardez de bons rapports car c'était pour une saison qu'elles étaient

là. Ce qui nous fait comprendre que nous ne serons pas avec tout le monde pendant toute la vie. Il y aura de gens qui nous quitterons en chemin et vice versa.

Les hypocrites ou les intéressés
Ce sont des personnes qui ne sont avec vous que par intérêt et qui vous quittent quand vous ne les arrangez plus. La séparation est très souvent douloureuse. En effet, ces personnes attendent en général le moindre faux pas de votre part ou une période douloureuse pour vous abandonner à votre sort. Simplement parce qu'elles ne peuvent plus profiter de vous.

Les antagonistes avérés
C'est un type de personnes qui se présentent comme des adversaires pour vous. Peu importe la situation, elles vous combattent et combattent votre épanouissement. Il peut vous arriver de faire l'anamnèse. Vous ne trouvez rien. Mais, vous comprenez

qu'elles ne vous aiment pas, tout simplement.

Les inspirateurs
Dans tous les domaines, il y a des personnes qui inspirent. Elles sont un modèle pour vous. Ayant livré des batailles avant vous, elles sont une source d'inspiration pour vous. Elles servent à vous guider pour un temps, avant que vous ne puissiez voler de vos propres ailes.

Les admirateurs
Il y a enfin des personnes qui comptent sur vous. En effet, elles vous ont pris pour modèle et marchent dans vos pas. Elles se mettent parfois sous votre autorité pour mieux apprendre de vous. Elles peuvent aussi être loin de vous physiquement.

Trois types de pouvoirs

D'après Stephen R. Covey, dans la vie d'une manière générale, il y a toujours des gens qui nous suivent, en d'autres termes des gens qui s'attachent à nous. Ils nous suivent pour des raisons diverses et complexes ; on peut les classer selon trois axes différents qui tiennent compte de motivations et d'origines psychologiques variables.

A un premier niveau, les gens nous suivent parce qu'ils obéissent à la peur. Ils ont peur de ce qui pourrait leur arriver s'ils ne font pas ce qu'on leur demande. On peut appeler cela le « pouvoir coercitif ».

Un deuxième niveau de réponse suggère que des personnes nous suivent dans la perspective des bénéfices qu'elles pourront en tirer. On peut appeler, cela le « pouvoir utilitaire » parce que, dans la relation, le pouvoir a pour fondement un échange utile de biens et de services.

Le troisième niveau de réponse est différent des autres en degré et en nature. Il est fondé sur le pouvoir que certaines personnes exercent sur d'autres, qui ont tendance à croire en eux et en leurs actions. Ils inspirent confiance, sont respectés et honorés. Ils sont suivis parce que les autres veulent bien les suivre, veulent croire en eux et en leur cause. Ce n'est pas de la foi aveugle, de l'obéissance ou de la servitude, c'est un engagement volontaire, inconditionnel et sans entrave. Cela s'appelle le « pouvoir légitime ».

Le passé et les influences

Des éléments peuvent nous empêcher d'avoir de bonnes relations avec les autres. Ce sont nos expériences du passé. Hal Elrod parle du « syndrome du rétroviseur ». C'est l'une des causes qui nous handicapent dans les relations humaines. Notre subconscient est équipé d'un rétroviseur à travers lequel nous revivons et recréons en permanence notre passé. Nous croyons à tort que nous sommes toujours la personne que nous étions. En nous référant aux limites de notre passé, nous empêchons ainsi notre potentiel actuel de s'exprimer. Certaines personnes ont été tellement déçues par leurs relations passées qu'elles sont devenues solitaires. Il n'y a qu'une seule manière de réfléchir au passé de façon utile et constructive : c'est d'analyser posément nos erreurs, d'en tirer des leçons profitables, puis d'oublier ces erreurs. Celui qui est incapable de se défaire des blessures et des échecs antérieurs est pris en otage par le passé. Le bagage qu'il transporte rend la marche très difficile pour lui et il ne peut avancer. Il est presqu'impossible à une personne qui s'accroche aux échecs et aux difficultés de réussir. Une qualité clé dans la vie est la capacité à mettre derrière soi les événements du passé pour poursuivre la marche. Cette qualité permet d'aborder les défis de tous les jours avec enthousiasme et d'en faire un fardeau léger, un bagage personnel. Nos convictions, nos réactions, nos valeurs et nos expériences passées modifient en effet les types de représentations que nous nous faisons d'autrui.

L'influence du passé se fait dans la pensée. Elle modifie la réalité. C'est un peu le même phénomène que celui décrit par Platon dans le mythe de la caverne : enchaînés dans une grotte, les hommes se font une image fausse de la réalité, car ils ne connaissent d'elle que les ombres déformées des choses, projetées sur le mur par un feu allumé derrière eux.

Dans les relations humaines, les problèmes du passé ont un impact sur nos vies. Les cinq caractères suivants révèlent que les personnes n'ont pas su se défaire des difficultés passées :

- Comparaison : elles parlent sans cesse de ce qu'elles ont enduré ;
- Rationalisation : elles trouvent des excuses pour expliquer pourquoi elles ne peuvent pas sortir des difficultés rencontrées dans leurs relations précédentes ;
- Isolement : elles s'éloignent de plus en plus des autres, autant qu'elles le peuvent ;
- Regret : elles vivent avec des sentiments de chagrin ;
- Amertume : elles sont remplies d'hostilité. Les expériences du passé peuvent nous rendre amers ou meilleurs. C'est à nous d'en faire le choix.

Pour sortir de cette situation, il faut :

- Reconnaître qu'il y a eu des choses dans le passé ;
- Identifier les contours des événements du passé ;
- Considérer le passé avant d'envisager l'avenir ;
- En tirer des leçons ;
- Partager avec une personne mature. En d'autres termes, traiter cette affaire. Ce traitement exige : pardonner à la personne qui vous a causé du tort, se pardonner à soi-même et être déterminé à se libérer du passé ;
- Se tourner vers l'avenir.

Toutes ces étapes résultent d'une prise de conscience, pour une dissociation du passé afin de reprogrammer son avenir.

Billy Grahm a dit : "*Ne regardez pas le passé avec chagrin, il ne reviendra pas. Il n'y a qu'une seule manière de réfléchir au passé, utile et constructive : analyser posément nos erreurs, en tirer les leçons profitables puis les oublier.* "

Vous avez quelque chose à donner aux autres

Il y a un principe qui dit : « tout est partout ». C'est question de quantité et de concentration. Je l'ai appris en anatomie et physiologie des animaux domestiques : des hormones mâles se trouvent chez les femelles et vice versa, mais pas dans les mêmes quantités, ni dans les mêmes concentrations. Il n'y a aucune personne vivante qui puisse affirmer ne rien avoir à donner aux autres.

La plupart d'entre nous, nous avons une situation qui persiste d'année en année parce que nous pensons et croyons que nous n'avons rien pour nous en sortir. L'homme n'est que le produit de ses pensées et de ses croyances. C'est la pensée qui produit les actes et la parole. Nous avons un problème avec le concept "avoir". C'est ainsi lorsqu'on dit qu'on n'a rien. Nous concevons toujours « l'avoir » en termes de quantité visible ou palpable. Alors que ce sont les choses invisibles qui dirigent les choses visibles. Il y a des gens qui ont des comptes en banque dont ils ne savent pas quoi faire. Il y en a aussi qui ont des idées sans en avoir les moyens. Même dans l'armée, tous les militaires ne vont pas à la guerre. Il y a ceux qui vont au front et ceux qui restent à la base. Aucun n'est plus « militaire » que l'autre. Chacun de nous a quelque chose pour se sortir de sa situation. C'est soit une qualité (ignorée, oubliée ou minimisée), soit une idée.

Dire que je n'ai rien, c'est être vivant en pensant qu'on est mort. Beaucoup sont de ceux qui veulent tout avoir avant de commencer quelque chose. Si votre vie n'est que le résultat de vos efforts personnels, alors en quoi l'homme est-il un être social ? Il est essentiel de commencer avec ce que l'on a pour trouver ce dont on a besoin. Les relations ne vous serviront que si vous reconnaissez avoir quelque chose (idée, service, conseil ou autre) à donner aux autres.

A la naissance, nous n'avons pas reçu un dépôt d'aliments, de vêtements, d'objets quotidiens...pour notre existence. Je sais qu'il faut vivre d'une manière prévisionnelle lorsque cela n'existe pas. Il faut commencer avec ce que l'on a sans quoi nous ressemblons au fer exposé à l'air libre qui finit toujours par rouiller. Avoir quelque chose pour les autres ne veut pas dire être riche. La richesse n'est pas seulement ce que nous avons dans nos mains. C'est aussi ce que nous avons dans le cœur. Parce que nous pouvons avoir des richesses dans nos mains, mais, si nous avons un cœur mauvais, personne n'en bénéficiera. De manière métaphorique, tout le monde est riche de quelque chose. Et, bien sûr, tout le monde est pauvre de quelque chose également. En effet, on peut être riche financièrement, mais pauvre spirituellement. En tout cas, on n'est jamais riche dans toutes les acceptions de la richesse. Il y aura toujours quelque chose qui cloche. De même, la pauvreté financière peut cacher une richesse d'âme.

Zack Mwekasa a dit : "*Chacun de nous détient une information qui peut servir d'accélérateur de réussite pour d'autres. Ce sont souvent des informations que nous gardons hermétiquement pour continuer à regarder les autres de manière condescendante. Vous n'existez pas pour réussir seul. Vous avez des informations nécessaires pour booster la vie de quelqu'un. Vous refusez catégoriquement de partager sous prétexte d'indiscrétion. A moins que vous ne soyez quelqu'un qui vend officiellement les informations, une personne accréditée (enseignant, formateur...), je ne vois pas pourquoi vous ne partageriez pas vos informations avec ceux qui en ont besoin. Il y a des gens qui veulent être les seuls à réussir, pour leur propre gloire. Ce n'est pas la bonne démarche. Si vous avez du mal à partager les informations gratuites avec les autres, cela veut dire que la réussite des autres vous gêne. Elle vous met en danger. C'est soit de l'égoïsme, soit un complexe d'infériorité ou la peur qu'on vous rattrape. Vous existez pour contribuer au bonheur des autres."*

Chacun de nous « a » quelque chose. Dire que je n'ai rien est un faux-fuyant. Tout le monde a quelque chose. C'est peut-être une idée que vous avez… les idées les plus brillantes au monde sont sans valeur si vous ne les partagez pas, disait Dale Carnegie. Périclès a dit : "*Celui qui a des idées et ne sait pas les faire passer n'est pas plus avancé que celui qui n'en a pas.*" Si c'est un talent, présentez- le ! Sans quoi on reste potentiellement riche, mais expérimentalement pauvre. Ce n'est pas parce qu'un pays est pauvre qu'il n'a rien. C'est juste un problème de leadership dans la gestion des ressources. Dede Kasay disait : *"Toutes les richesses et les ressources naturelles d'un pays ne résoudront jamais sa crise nationale aussi longtemps qu'il fonctionnera avec le même leadership qui a produit cette crise et les ressources naturelles d'un pays qui déterminent sa vocation."* A l'échelle de l'individu, ce que vous faites détermine ce que vous serez. Le problème est que, lorsque vous dites que vous n'avez rien, cela ne vient pas de vous, c'est ce que quelqu'un vous a dit ou le produit de votre propre comparaison avec les autres. Sortons des opinions des autres et de la comparaison. En reconnaissant ce que nous sommes, tout en visualisant l'avenir. Nous sommes tous humains mais avec des qualités et des talents différents. Ne privons pas le monde de ce qu'il attend de nous. J'ai quelque chose en moi qui peut donner la solution, à moi et aux autres. C'est l'une des raisons pour lesquelles j'écris.

Mais, nous avons aussi l'obligation d'acquérir de nouvelles connaissances, de nous réinventer sans cesse. Pour rester dans la course, nous devons élever et aiguiser notre esprit, investir dans le développement de nos compétences. Les relations humaines, c'est le rendez-vous du donner et du recevoir.

La vision

Vous avez maintenant reconnu ce que vous avez. Ce n'est pas ce que vous avez qui détermine ce que vous aurez, ni ce dont vous manquez qui détermine ce que vous n'aurez pas. La vie ne nous donne pas tout au même moment. Votre présent dépend de vous mais votre avenir dépend de votre vision. Cette vision, c'est l'image mentale que l'on a de ce que l'on veut entreprendre. C'est aussi la capacité à voir la fin dès le commencement.

Nous nous laissons piéger mentalement quand nous croyons que les gens doivent leur réussite à un don particulier. Car lorsque nous y regardons de plus près, nous nous apercevons que tous ceux qui connaissent un succès exceptionnel ont un trait commun : la vision. Comment voyez-vous votre vie et l'état de vos relations dans les jours qui viennent ? Le plus grand drame, ce n'est pas de mourir mais de vivre sans but. Si le but d'une chose n'est pas connu, son échec est inévitable. Si nous n'avons pas toujours le choix de ce que nous vivons, nous avons toujours le choix de la manière dont nous le vivons. Le drame dans la vie n'est pas ce qui nous arrive mais la manière dont nous le gérons.

Les autres : la plus grande prison à ciel ouvert

Faire les choses en pensant à ce que les autres diront, c'est vivre dans une prison à ciel ouvert ; beaucoup y sont enfermés sans le savoir. De la même manière que le prisonnier perd le droit d'agir dans la société active, vous risquez de ne rien faire dans la vie si vous pensez aux dires des autres. John C Maxwell a dit : *Ce n'est pas ce que les autres disent qui est important, mais ce que vous croyez.* Par expérience, de tout ce que vous ferez dans la vie, chacun en donnera son appréciation en bien et en mal. Quelqu'un a dit : "*Même si les gens parlent mal de toi dans ton dos, lorsque tu réfléchis, cela ne change rien. Une personne qui parle mal de toi ne change pas ce que tu es. Ce qu'il est nécessaire de savoir sur cette terre, c'est que nous n'empêcherons pas les gens de parler en bien ou en mal de nous. Les rumeurs font croire mais les faits imposent la réalité. Apprenons à nous surpasser et à nous mettre au-dessus. Je vous assure que ce n'est pas facile, c'est même compliqué. Mais faisons de notre mieux pour conserver nos belles amitiés, attrapons nos cœurs. Nous avons tous des défauts, nous ne sommes donc pas parfaits. Si vous ne voyez que des défauts chez les autres, vous risquez de rester seul comme un os de poulet dans l'assiette. Nos amitiés d'aujourd'hui, ce sont des amitiés pour la vie. Aimons-nous, tolérons-nous, mettons-nous au-dessus !"*

Bien de gens se résignent à n'être, toute leur vie, que ce que les autres ont décidé qu'ils seront ; ils ne mènent leur existence que par rapport aux autres. Dans la vie, si vous avez peur du qu'en dira-t-on, vous ne prendrez jamais les bonnes décisions. Vivre en pensant à ce que les autres diront, c'est vivre dans la plus grande prison du monde. La vie est faite de choix et de décisions. Aucun choix ni aucune décision ne fait jamais l'unanimité.

Il y a des gens que vous rencontrez, d'autres qui sont déjà avec vous, d'autres encore qui vous accompagnent depuis la naissance. Ils ont une certaine autorité sur votre vie. Ils sont de votre famille, de votre religion, de votre association, de votre pays (autorités étatiques) ... Ils font tout pour que chaque personne placée sous leur autorité ait une mauvaise image d'elle-même ; pour que chacun se sente dépendant ; depuis le "berceau" jusqu'au cimetière ; pour que chacun soit mis en situation de ne pas avoir le désir ni l'audace de se débrouiller seul ; pour que chacun se résigne à son destin.

Il y a aussi ce qu'Anthony Robbins appelle la preuve sociale. Souvent lorsque nous voulons faire quelque chose, nous cherchons à savoir si quelqu'un ne l'a pas déjà fait et si cette personne a réussi, afin de nous donner une certaine confiance dans notre propre tentative. Si le monde était fondé sur la preuve sociale, la technologie actuelle ne serait pas au niveau qu'elle a atteint. Galilée et Copernic n'auraient pas existé. Barack Obama ne serait jamais devenu président des Etats-Unis d'Amérique. Pour faire quelque chose, n'attendez pas toujours qu'une personne l'ait déjà accompli. Il y a toujours quelqu'un qui ouvre le chemin pour les autres. Ce sera peut-être vous. Les autres vous diront toujours : « As-tu une référence ? » Mais tout dans la vie n'exige pas une référence. N'expose pas tes oreilles à un discours qui te rabaisse. Parce que la foi vient de ce qu'on entend. Ce que tu entends finira par conditionner la façon dont tu te vois et, de ce fait, ton destin- même.

Raphaëlle Giordano raconte cette petite histoire qui devrait vous mettre du baume au cœur et vous redonner confiance :

"Une fois par an, au royaume des grenouilles, une course était organisée. Elle avait chaque fois un objectif différent. Cette année-là, il fallait arriver au sommet d'une

vieille tour. Toutes les grenouilles de l'étang se rassemblèrent pour assister à l'événement. Le top départ fut donné. Les grenouilles spectatrices, jugeant la hauteur de la tour, ne croyaient pas possible que les concurrentes puissent en atteindre la cime. Et les commentaires fusaient :

- *Impossible ! Elles n'y arriveront jamais !*
- *Jamais leur physique ne leur permettra d'y arriver !*
- *Elles vont se dessécher avant d'être en haut !*

Les entendant, les concurrentes commencèrent à se décourager les unes après les autres. Toutes, sauf quelques-unes qui, vaillamment, continuaient à grimper. Et les spectatrices n'arrêtaient pas :

- *Vraiment pas la peine ! Personne ne peut y arriver, regarde, elles ont presque toutes abandonné !*

Les dernières s'avouèrent vaincues, sauf une, qui continuait de grimper envers et contre tout. Seule et au prix d'un énorme effort, elle atteignit la cime de la tour. Les autres stupéfaites, voulurent savoir comment elle y était arrivée. L'une d'elles s'approcha pour lui demander comment elle avait réussi l'épreuve. Et elle découvrit que la gagnante... était sourde".

Raphaëlle Giordano donne les conseils suivants : « *Prenez donc garde de ne pas vous laisser influencer par l'opinion de votre entourage. Ne les écoutez pas. Ne vous laissez pas décourager. Même ceux qui vous aiment projettent parfois sur vous leurs peurs et leurs doutes. Repérez vos pollueurs et faites en sorte qu'ils ne vous contaminent pas par leur vision négative, désapprobatrice ou sceptique...* »

Je ne nie pas le rôle des conseils et des références Il ne faut pas oublier que les autres représentent votre ressource fondamentale. Olivier Wendel a dit : " *La plus grande tragédie de l'Amérique n'est pas le gaspillage des ressources naturelles, mais c'est celui des ressources humaines.* " Les individus qui ont accédé à l'excellence ont presque toujours un respect immense pour leurs semblables. Ils ont l'esprit d'équipe, le sens de l'intérêt commun et de l'unité.

Il y a ceux qui croient que les nouvelles idées appartiennent à une catégorie de gens. Non, les idées n'appartiennent pas à une seule catégorie de personnes mais à ceux qui savent les capter. Laissez-vous inspirer bonnement. Si nous continuons à copier, nous tournerons en rond. Laissons-nous inspirer par les autres. Si certains ne s'étaient pas laissé inspirer, nous ne serions pas à ce niveau. Nous parlons ici de l'inspiration qui nous apporte une solution durable. Laissez-vous inspirer. Sans inspiration, nous sommes expirés c'est-à-dire démodés, inutiles et destructibles. Alors que notre monde est en quête d'innovation ! C'est en voyant le téléphone fixe que l'idée du portable est venue.

Nos vies sont la conséquence de nos choix. Rejeter la faute sur les autres, sur notre environnement, sur d'autres facteurs extérieurs, c'est décider de leur donner prise sur nous. Nous choisissons soit de vivre nos vies, soit de laisser les autres les vivre à notre place.

Ceux qui sont prisonniers des autres ont les caractéristiques suivantes :

- Ils trouvent que les autres sont supérieurs à eux. Ils sont atteints du complexe d'infériorité ;
- Ils ne croient pas en eux-mêmes;
- Ce sont des suiveurs et non des visionnaires. Ils ne connaissent pas toujours la vraie raison des choses ;
- Ils veulent vivre du travail des autres ;
- Ils finissent par être jaloux et aigris, s'ils ne changent pas.

Dans la vie, nous voulons souvent que les autres nous aident. La question est : « Sommes-nous disposés à aider les autres ? » Jésus-Christ a dit : "*Tout ce que vous voulez que les hommes fassent pour vous, faites-le de même pour eux*". Mike Murdock a dit : "*On se souviendra de vous, du problème que vous avez causé ou de la solution que vous avez apportée.*" Ce sont ces deux éléments qui restent gravés dans la mémoire des hommes. Il est important d'être un porteur de solutions. Celui qui aide les autres sera aidé. Mais celui qui ne le fait pas ne le sera pas. C'est la réciprocité. Quand j'étais vendeur dans une boutique, certains clients venaient semblait-il exprès pour mettre mes nerfs à l'épreuve. Conscient de ce qu'ils faisaient, je tâchais de ne pas m'énerver. Ils me disaient alors : « Que tu es gentil, voilà pourquoi nous venons acheter ici ». Si vous faites le bien, ne vous attendez pas à un retour, sinon, c'est de la manipulation. La réciprocité n'est pas à demander. Elle s'opère spontanément. Mais dans cette vie, il y a des ingrats. N'attendez pas toujours que le retour du bien que vous avez fait vienne de la personne à qui vous l'avez fait. Il peut venir d'une autre personne. De toute façon, un bienfait n'est jamais oublié. Zig Ziglar a dit : "*Vous pouvez obtenir tout ce que vous voulez de la vie si vous aidez d'autres gens à obtenir ce qu'ils veulent.*"

L'être humain a tendance à être obsédé par ses failles, ses défauts ou ses manques, à s'appesantir sur le décalage qui existe entre sa vie actuelle et celle qu'il souhaiterait, entre ce qu'il a accompli et ce qu'il aurait pu ou désirerait accomplir, entre l'individu qu'il est et la vision idéaliste de la personne qu'il devrait devenir à ses yeux. Souvent, notre environnement humain exerce de l'influence sur nous, au point que nous voulons être comme les autres. Ce qui nous fait tomber dans l'imitation. C'est un élément qui nous empêche de progresser.

Les relations humaines : une arithmétique

Les relations humaines englobent l'ensemble des contacts sociaux : dans le milieu familial, dans le milieu scolaire, dans le milieu de travail, dans la société en général. Elles débutent dès la naissance avec la vie familiale, puis scolaire et se poursuivent par la vie professionnelle et civique.

Chappuis R a dit : *"L'homme se connaît, se comprend, progresse dans et par ses relations à autrui. Tout est relation dans l'existence d'un enfant, d'un adulte, d'un jeune, d'un vieillard, et c'est sur ces relations que s'édifient le goût de la vie ou son dégoût. Tout évolue, change, se transforme grâce à autrui. Il appartient à chacun de s'en souvenir. Nos relations à autrui ne sont pas toujours des réussites, et nous sommes bien souvent dans nos rencontres avec des personnes que nous jugions a priori intéressantes, sans parler de celles qui nous indisposent*". L'homme est un être social ou relationnel. Aucun humain ne peut vivre en solitaire. L'homme a toujours besoin d'entrer en relation et d'interagir avec un semblable.

Il est reconnu que les relations humaines sont essentielles au développement individuel et intellectuel de chaque être humain, puisque c'est grâce à ces liens que les sociétés sont constituées, aussi bien les plus petites (par exemple, dans les petits villages ou les campagnes) que les plus grandes (en ville). Les relations humaines impliquent, nécessairement, au moins deux individus. Cet ensemble d'interactions est celui qui permet aux individus de cohabiter de façon cordiale et amicale, tout en se fondant sur certaines règles acceptées par tous les membres de la société et en faisant respecter les droits individuels.

Il ne faut pas confondre le concept de « relations humaines » avec celui de « relations publiques ». Celles-ci ont pour but d'insérer une organisation au sein de la communauté, en communiquant leurs objectifs et processus. Alors que les relations humaines sont des liens entre les personnes, les relations publiques établissent des liens entre les personnes (individus) et une organisation (groupe).

Les relations humaines sont très importantes dans la société. Elles le sont dans le monde du travail où, si elles ne s'avèrent pas cordiales, elles risquent de nuire à la productivité et à l'efficacité des entreprises. Ainsi, les directeurs doivent faire de leur mieux pour construire des équipes de travail dans lesquelles s'établissent de bonnes relations humaines, sans conflits et tout en minimisant les disputes. Il y a même lieu de dire que, sans de bonnes relations humaines, il ne peut pas y avoir de bonne qualité de vie.

On suppose aisément qu'une rencontre entre deux personnes puisse constituer un atout. Celui qui s'entoure d'hommes bienveillants, prêts à l'aider dans un esprit de parfaite harmonie, celui-là bénéficie d'avantages économiques certains. Cette forme d'alliance coopérative est à la base de presque toute grosse fortune. Mieux vous comprendrez cette vérité et plus vite vous verrez fructifier votre argent. André Navarro a dit : *"Faire cavalier seul n'est plus possible. Le monde est trop compliqué pour qu'une personne seule mène à bien une invention. Il faut réunir plusieurs disciplines différentes pour travailler ensemble en même temps"*.

Lorsque nous faisons connaissance avec les autres, nous retirons au moins deux bienfaits :
- Notre facilité à communiquer avec les autres augmente puisque nous la cultivons ;

- Nos intérêts se diversifient. De nouveaux horizons culturels et sociaux s'ouvrent à nous.

Addition

C'est l'addition de nos différences. L'article premier de la Déclaration Universelle des Droits de l'Homme dit : "*Tous les êtres humains naissent libres et égaux en dignité et en droits. Ils sont doués de raison et de conscience et doivent agir les uns envers les autres dans un esprit de fraternité*". Malgré cette égalité, nous sommes différents. La différence est la base de la diversité.

Même si plusieurs milliards d'individus vivent en ce moment même sur cette planète, même si des millions de tâches identiques doivent être accomplies sur tous les continents, aucun être humain, depuis l'aube des temps, n'est semblable à aucun autre. Chaque humain est unique, différent de tous les autres, biologiquement, géographiquement, culturellement, historiquement. Chacun dispose de caractéristiques que nul n'a jamais eues avant lui et que nul n'aura après lui. Chacun a des pensées uniques. Chacun emprunte, pour penser et vivre, des itinéraires qui lui sont propres.

Malgré ces différences, nous avons tant en commun ; et pourtant nous sommes magnifiquement différents. Nous pensons différemment ; nos valeurs, nos motivations et nos objectifs divergent, quand ils ne s'opposent pas radicalement. De ces différences et des conflits nés d'attitudes concurrentielles, nous visons à sortir gagnant. L'art délicat du compromis, selon lequel chacun cède du terrain jusqu'à aboutir à une situation intermédiaire acceptable, produit d'excellents résultats. Mais aucune des parties en présence ne s'en trouve jamais totalement satisfaite. Les différences nous conduisent vers le plus petit commun dénominateur. Au lieu de ce gâchis, nous gagnerions tellement à laisser le principe de coopération créative nous guider vers des solutions bien plus bénéfiques pour chacun que ces revendications premières !

Ce sont nos différences qui font de chacun de nous une particularité de la vie. C'est pourquoi la contribution des autres peut nous aider. Ce que nous ne connaissons pas, nous pouvons l'apprendre des autres. L'essentiel est d'apprendre au contact d'experts, ceux qui ont déjà réussi ce que vous souhaitez faire. Ne réinventez pas la roue. Le moyen le plus rapide de parvenir à vos fins est de prendre pour modèle des personnes qui ont réussi. Ceci peut se faire par le contact personnel, par des conférences, lors de séminaires ou par les médias.

L'addition de différences doit nous permettre d'écouter et d'apprendre quelqu'un qui possède une grande connaissance dans un domaine que nous connaissons mal, elle constitue un excellent moyen d'élargir notre expérience. La moindre des choses, c'est de se faire aider. Le salut est au milieu de nombreux conseillers. Notre mère m'a toujours dit : *« N'aie pas honte que quelqu'un dise : c'est par moi que tu es devenu ».* Elle m'a dit *: « Réponds-lui : aucun homme ne s'est fait tout seul."* John Maxwell a dit : "*Il y a des personnes qui ajoutent quelque chose à la vie. Beaucoup de personnes dans ce monde désirent aider les autres. Ces gens sont des additionneurs. Ils rendent la vie des autres plus agréable et plus appréciable".*

La vie n'est pas le théâtre d'un combat, mais un immense terrain d'entente. La plupart des gens voient la vie par dichotomies : le faible et le fort, gagner ou perdre, la manière douce et la manière forte, mais ce mode de pensée est défectueux dans ses fondements. Il repose sur le pouvoir et non sur le principe de coopération. Au contraire, lorsque l'on pense à partager la victoire avec autrui, on part du principe qu'il y en aura pour tout le monde, que le succès des uns ne dépend pas de l'échec des autres.

Il y a quelque chose en toi qui te manques et qui se trouve chez l'autre. Ce dont on manque se trouve parfois chez son prochain. Apprenons à reconnaître que l'on a des manques et que l'autre détient ce dont on manque. Unissons-nous pour un meilleur équilibre et avançons ensemble. L'équilibre de la vie c'est aussi quand je greffe mes faiblesses sur les forces de mon prochain. Nos différences ne doivent pas être la pomme de discorde. Nous devons plutôt les additionner parce que leur somme, c'est le monde dans lequel nous vivons.

Soustraction

C'est la soustraction de la solitude. Nous vivons dans un monde au rythme effréné. Pour fonctionner à cette allure, nous ne pouvons pas faire cavalier seul. Travailler en collaboration avec les autres, c'est comme se donner à soi-même. Ceci ne fait pas de nous l'ami de tout le monde, et ne signifie pas non plus qu'il faille saluer tout le monde dans la rue.

La majorité des choses que nous faisons n'ont de la valeur que lorsque nous les présentons aux autres. Je ne nie pas l'intérêt de s'octroyer des moments de solitude. Vous pouvez vous dire que vous êtes le meilleur artiste, poète, chanteur... Mais, la vraie reconnaissance de vos talents passe par les autres. Les compétitions n'existent que pour comparer nos différences et nos performances à celles des autres. Ce qui ne fait pas de nous des ennemis. Ce que nous avons ne prend de la valeur que chez les autres. La solitude ne paye pas. La vie victorieuse n'appartient pas au soliste mais à ceux qui veulent s'associer à d'autres. Nous avons et nous finissons toujours par avoir besoin des autres. Il y a de la puissance dans l'unité. La force d'un peuple est dans son unité. Ce n'est pas l'absence de différences, mais leur prise en compte. Les records individuels sont intéressants pour l'histoire, mais restent souvent secondaires. Ce qui compte beaucoup plus, c'est ce qui est accompli en équipe. Un proverbe africain dit : "*Il n'y a pas de joie à être heureux seul. Le vrai bonheur est lorsqu'on le partage avec les autres*".

A l'école, certains professeurs mettent l'accent sur la nécessité d'avoir raison et d'être meilleur que les autres étudiants, mais rarement sur celle de travailler ensemble pour aboutir à de bonnes réponses. Notre société nous apprend que pour arriver à quelque chose dans la vie, il faut viser la plus haute marche du podium : "La vie est une compétition, débrouille-toi pour gagner". Nous considérons nos camarades de classe, nos collègues et même les membres de notre famille comme des rivaux. La véritable grandeur ne peut désormais résulter que d'une coopération altruiste et sans réserve dans le respect mutuel et pour le bien de tous.

Aucun humain ne peut vivre solitaire. Nos destinées sont interdépendantes. Quand bien même les gens se disent indépendants, leur vie dépend des autres. Nous vivons dans un monde essentiellement interdépendant, où le sort de chaque être, quel qu'il soit, est intimement lié à celui des autres. C'est curieux de voir des gens dire qu'ils n'ont pas d'amis parce qu'ils sont toujours déçus. Il ne suffit pas de rechercher de bons amis mais d'être soi-même un bon ami. Plus tu portes tes regards sur les défauts de quelqu'un moins tu bénéficies de ses qualités. Les membres de la famille, on ne les choisit pas mais les amis, on les choisit. Passer à côté de ces amitiés, c'est se priver de perspectives d'avenir. Souvent, nous ignorons les relations mais ce sont elles qui nous accompagnent toute notre vie.

Il n'y a aucune personne qui puisse faire tout d'elle-même. Je crois en l'action de Dieu. Lorsqu'il veut bénir une personne, il envoie toujours un homme ou une femme ou une opportunité pour ce dernier. Ma vie et la vôtre dépendent de quelqu'un qui me voit et vous voit. D'où l'importance d'avoir de bonnes relations avec les autres. La clé de la faveur pour toute mission vient des hommes. Et notre expansion dépend de qui nous voit.

La qualité de nos vies est, par nature, le fruit d'une interdépendance. Cependant, une certaine dose d'indépendance doit être préservée. L'indépendance a, par ailleurs, une fonction. Elle ne doit jamais être une fin en soi. Il est impossible d'accorder sa confiance aux autres tant qu'on n'est pas loyal envers soi-même.

L'importance des relations humaines se démontre aussi par la pyramide d'Abraham Maslow, du nom du sociologue qui les a hiérarchisées selon cinq types de besoins :

- Les besoins physiologiques ;
- Les besoins de sécurité ;
- Les besoins d'appartenance (à un groupe social) ;
- Le besoin d'estime ;
- Le besoin d'auto-expression ou d'auto-réalisation[2]

---

[2] http://www.definitions-marketing.com/Definition-Pyramide-de-Maslow du 14/04/2012.

Selon Maslow, ces besoins sont hiérarchisés parce qu'un besoin de niveau inférieur doit être impérativement comblé avant que celui du niveau supérieur prenne de l'importance.

Dans cette pyramide sont représentés les cinq besoins de l'homme. Nous voyons l'aspect social représenté par le besoin d'appartenance. Chacun a besoin de sentir qu'il appartient à un groupe (famille, club, association et autres). J'ai un ami qui, lorsqu'il m'appelle au téléphone, me dit souvent : « tu peux manquer d'argent, mais ne manque pas d'hommes à tes côtés. » Le social est classé parmi les besoins d'épanouissement.

Selon John C Maxwell : *Il n'y a pas une personne au monde qui n'ait besoin de quelqu'un d'autre. Si nous sommes honnêtes, le problème n'est pas que nous avons besoin des autres; le problème est de combien de personnes avons-nous besoin ?*

Il existe quatre besoins relationnels humains fondamentaux :

- Tout le monde veut être entendu : écoutez avant de vouloir être entendu.
- Tout le monde veut être compris : cherchez à comprendre avant de vouloir être compris.
- Tout le monde veut que sa vie ait de l'importance : considérez les autres.
- Le besoin d'être émancipé : nous voulons tous la liberté d'expression.

L'inefficacité dans les relations humaines ou l'ignorance des techniques efficientes dans les relations humaines font partie des raisons pour lesquelles les gens échouent. La majorité des raisons pour lesquelles nous échouons, c'est que nous ne savons pas traiter nos relations avec les autres ou que nous ne savons pas les maintenir stables et durables. Théodore Roosevelt a dit : *"L'ingrédient le plus important pour réussir dans la vie, c'est de savoir traiter avec les autres et vivre avec eux. Il est impossible dans la vie de réussir seul. Même si quelques fois, nous avons honte et nous sommes orgueilleux."* On a toujours besoin des autres pour accomplir ses objectifs ou sa vision. Aucune grande réalisation dans la vie n'est l'œuvre d'une seule personne. Nous échouons généralement parce que nous négligeons les autres dans la réalisation de nos objectifs ou de nos visions.

En ce qui concerne le manque de bonnes relations, les experts du leadership citent constamment l'incapacité de collaborer avec les autres comme première raison de l'échec des leaders. Comme John Maxwell dit souvent :*"Si on ne peut pas faire bon ménage avec vous, on ne peut pas être d'accord avec vous."*[3] Dale Carnegie a dit : " *La réussite est due pour 15% environ aux connaissances et pour 85% à la personnalité, à l'habileté dans les rapports humains, à la faculté de susciter l'enthousiasme chez les autres.*" Faire cavalier seul n'est plus possible".

D'après Zamenga B : "*le dynamisme d'une personne comme celle de toute nature dépend de trois éléments auxquels nous essayons de donner un coefficient :*
- *Le don ou l'hérédité : 10%*
- *L'influence du milieu : 30%*
- *L'apprentissage ou l'effort personnel : 60%*".

Le monde est trop compliqué pour qu'une personne seule mène une invention. Il faut se mettre à plusieurs, de disciplines différentes, pour travailler ensemble en même temps. Comme l'a dit André Navarro : "*Il n'y a pas de chasse gardée pour un domaine*". Ce

---

[3] Maxwell J.C & Huller J.D., 2008. *Se préparer à l'échec*. Cinquième livret.

qui compte beaucoup plus, c'est ce qui est accompli en équipe, a dit Dale Carnegie [4]. Ne soyez pas sage à vos propres yeux au point de refuser d'écouter les conseils. Si tu vois un homme qui se croit sage, il y a plus à espérer d'un insensé que de lui. Le roi Salomon pouvait dire : " *Mieux vaut un gamin indigent, qu'un roi vieux, mais insensé, qui ne sait plus se laisser conseiller*".

Peu importe votre grandeur, votre spiritualité, vos excuses ou votre ancienneté, vous aurez toujours besoin d'être conseillé. Les conseils sont très importants dans la vie. D'après Kitoko D.B, le conseiller à consulter doit être une personne :
- En qui tu as confiance ;
- Compréhensive ;

---

[4] Carnegie D.,1990. *Comment se faire des amis.* Les éditions Hachette.

- Objective dans ses analyses ou ses jugements ;
- A qui tu peux parler librement et profondément de ta vie, de tes craintes, de tes inquiétudes et de tes confidences ;
- Discrète, qui peut garder le secret de tes confidences ;
- Qui te connaît suffisamment bien et qui peut dans la mesure du possible connaître ce que tu veux faire ;
- Qui tient à ton bonheur et à ta réussite ;
- Dont l'expertise n'est plus à démontrer dans le domaine où tu as besoin de conseils[5].

Chaque année des dizaines de milliers de personnes se suicident. La

---

[5] Kitoko D.B., 201. *Les hommes et les femmes à ne pas épouser*, DKB Ministries.

grande majorité de ceux qui en viennent là le font parce qu'ils se sentent seuls et abandonnés. S'il y a une chose que l'être humain supporte mal, c'est la solitude. Un jour Billy Graham a dit que la solitude était le plus grand mal de l'humanité. L'homme est un être social. Il fut créé pour vivre en groupe, en ayant de vrais contacts avec les autres. L'être humain a besoin d'union et de communion. Or la plupart des personnes sont solitaires.

Division

C'est la division des responsabilités. Vous ne pouvez pas tout faire seul. La vie en société est faite de l'interdépendance plus que de l'indépendance et la plupart des résultats que vous désirez obtenir reposent sur des actions communes. Ce que nous appelons « la division des responsabilités », c'est l'idée que vous ne pouvez pas tout faire seul. Il y a des choses que d'autres peuvent faire en votre faveur. En d'autres termes, il y a des choses qu'on ne peut pas faire parce que quelqu'un d'autre doit le faire. Vous ne pouvez pas être votre propre conseiller par exemple.

La division des responsabilités, c'est le fait de reconnaître les tâches, les compétences et les atouts des autres pour vous en servir en vue de votre avancement ; c'est-à-dire quel que soit notre niveau dans un domaine, même élevé, nous pouvons toujours apprendre de ceux qui font la même chose que nous ou qui sont compétents dans d'autres domaines. Le monde d'aujourd'hui évolue à grande vitesse, de telle manière que la façon de faire les choses change du jour au lendemain. Ce qui était une innovation devient obsolète. Avant, pour avoir une boutique, il fallait avoir un local. Aujourd'hui grâce à ton ordinateur, tu peux avoir une boutique n'importe où.

La division des responsabilités, c'est trouver la bonne personne pour réussir ce que l'on veut faire. Pour réussir dans la vie, il faut savoir détecter les personnes qui vous amèneront vers cette destination. Aujourd'hui, lorsque quelqu'un est en difficulté ou a échoué dans ses activités, sa première réaction est de pointer du doigt les autres comme responsables. Etablir la responsabilité des autres en cas de difficultés ou d'échec ne nous dédouane pas de la nôtre.

Nous pointons l'index sur quelqu'un, et aussitôt les autres doigts se retournent contre nous. Souvent, revient cette fameuse phrase : « A qui la faute ? » On préfère jouir de son confort plutôt que de se regarder soi-même et on croit toujours avoir des excuses. Nous accusons les autres. Tout en oubliant que ce que les autres peuvent faire de nous ne dépend que de notre consentement. Nous disons toujours : « c'est la faute de... » C'est pourquoi au lieu de nous en prendre aux véritables causes de la situation, bien souvent, nous nous accusons mutuellement, dressant ainsi un mur qui cache le vrai problème. Votre ennemi, c'est vous-même. Au lieu d'établir les faits de façon impartiale et objective, et de voir que nous en sommes la cause, nous rejetons la responsabilité sur les autres.

La division des responsabilités n'épargne pas la vôtre. Le degré d'acceptation de votre propre responsabilité pour tout ce qui vous arrive dans la vie correspond précisément à la force de votre pouvoir mental pour changer ou créer quelque chose dans votre existence. Il est important de cerner la différence entre « responsabilité » et « faute ». La responsabilité est la qualité de la personne qui s'engage à améliorer les choses. Comme l'a dit Rick Waren :*"Il ne faut pas toujours chercher la bonne personne. Mais être soi-même la bonne personne."* La faute, c'est le fait de manquer à une règle morale, à une règle de conduite, c'est une action considérée comme mauvaise.

La division des responsabilités est précédée par la reconnaissance de ses limites et de ses capacités ainsi que de celles des autres. La division des responsabilités nous permet de :
- Reconnaître nos capacités et nos limites ;
- Reconnaître et utiliser les capacités des autres, intéressantes pour nous ;
- Nous concentrer sur ce dont nous sommes capables.

Multiplication

C'est la multiplication de nos capacités. Clarence Francis a dit : « *Je crois que la "relation" est la clef de la porte qui s'ouvre sur un monde décent. Presque tous les hommes qui réussissent ont en commun une extraordinaire capacité à se lier aux autres, ce don d'entrer en relation avec les gens, quelles que soient leurs origines sociales et leurs idées. Les êtres humains sont notre plus grande ressource. Les individus qui ont accédé à l'excellence ont presque toujours un respect immense pour leurs semblables. Ils ont l'esprit d'équipe, le sens de l'intérêt commun et de l'unité. »*

La multiplication de nos capacités ne peut se faire que sur la base de notre environnement humain. La plupart des stars de la musique n'avaient pas la célébrité qu'elles ont aujourd'hui. Si vous étudiez la vie de la plupart des hommes célèbres, vous verrez que leur vie a changé grâce à leur entourage. Nos relations avec les autres peuvent amener nos vies à un stade plus élevé.

JC Maxwell a dit : *Quel que soit votre rêve en tant qu'artistes, qu'entrepreneur, que politicien ou que récipiendaire d'un prix Nobel, vous êtes appelé à interagir avec d'autres personnes. A moins que votre rêve ne consiste à travailler dans le vide et à n'être connu de personne. Les gens seront un facteur important ou non selon ce que vous voulez accomplir. En revanche, si vous voulez réaliser votre rêve, vous aurez besoin de renforts d'une manière ou d'une autre.* Aucune personne ne peut faire un projet sans avoir l'idée des gens qu'elle doit contacter pour la réussite de ce projet.

Mais celui qui se plaît avec les insensés s'en trouve mal. C'est le fondement de la loi de l'entourage. La compagnie que vous avez va soit vous façonner, soit vous briser. Si vous marchez avec le sage, vous deviendrez sage ; mais si vous fréquentez les insensés, vous vous préparez à la destruction. Peu importe votre talent, dès que vous commencez à marcher avec une mauvaise personne, vous menez une mauvaise et misérable vie. Les mauvaises compagnies corrompent les bonnes mœurs.

La loi de l'entourage : toute personne est le produit de son environnement humain. Si un jour, il vous vient la pensée de dire que ce n'est que par vos propres efforts que vous êtes devenu ce que vous êtes, c'est que votre chute est proche. Parce que souvent, lorsqu'il nous arrive d'émerger, la notoriété et le talent peuvent devenir un piège. Dans la vie, le talent est comme une semence. Il ne croît que dans un environnement humain propice. Si vous commencez à ignorer l'environnement de l'éclosion de votre talent, c'est que votre déclin est proche. Ce n'est pas parce que vous êtes devenu champion du monde que vous devez ignorer votre coach. Souvent la célébrité vient nous faire croire que c'est de notre fait or nous ne sommes que la partie visible de l'iceberg. Nous devons maintenir l'environnement qui nous a amené à la réussite.

L'honneur que t'accordent les autres est comme un parfum. C'est à usage externe. Lorsque tu l'intériorises, cela devient de l'orgueil. Or, l'orgueil précède la chute.

On rencontre, certes, de temps en temps un désert de solitude. Ceux qui ont connu de grandes réussites, les Kennedy, Luther King et d'autres possédaient tous cette capacité de susciter des liens qui les unissaient à des millions d'autres personnes. La plus grande réussite ne se produit pas sur la scène mondiale, elle se produit dans votre cœur. Au fond de soi, chacun éprouve le besoin d'établir des liens d'amour durables avec autrui. Faute de cela, toute réussite, tout accomplissement reste vide.

Ce que vous devez devenir dépend d'une personne que vous connaissez ou que vous allez connaître. Considérons notre entourage comme un instrument pour dépasser le point où nous sommes. Ce qui n'empêche pas qu'il y ait des gens de notre entourage qui nous fassent du mal.

Aujourd'hui, nous sommes dans un monde de recommandation. Notre père me disait un jour qu'il existait dans cette ville des gens qui, si vous sortez avec eux le matin dans la perspective qu'ils vous aident à trouver un emploi, leur notoriété est telle que vous aurez un boulot l'après-midi même. Il y a des gens qui sont des accélérateurs de vies pour les autres, le multiplicateur de compétences. Votre vie va prendre la vitesse supérieure.

Il se dit souvent : « Dis-moi qui tu es, je te dirais qui tu fréquentes. » Ce que nous sommes, nous ne le devons pas toujours aux personnes que nous fréquentons physiquement. Je n'ignore pas l'influence des milieux que nous fréquentons. Tout commence par la pensée. A l'ère de l'Internet, le numérique exerce aussi une influence notable. Des contacts que nous avons sur Internet peuvent changer le cours de notre vie en bien ou en mal.

Si je ne le dis pas

Les relations que nous avons mutuellement ont toujours une répercussion sur notre caractère, nos mentalités, nos devenirs, nos comportements dans le groupe, sur l'agrément ou les désagréments que nous éprouvons à lui appartenir.

L'arithmétique dans les relations humaines n'a pas que des avantages. Elle a aussi des inconvénients. C'est pourquoi, si je ne le dis pas, tout ce que j'ai écrit est mensonge. Car, certaines relations dans la vie :
- Peuvent accroître nos problèmes ou en ajouter ;
- Réduisent les opportunités et les avantages que nous avons ou qui s'étaient annoncés ;
- Divisent notre entourage.

Il est impossible d'imaginer une relation humaine dépouillée de toute charge affective. Dans les rapports humains, on ne peut éviter certaines erreurs et certaines mises au point. Il existe la duperie « qu'un jour, il y aura quelqu'un. Et je trouverai le bonheur ». De nombreuses personnes ont cru à cette duperie. Lorsqu'ils ont croisé ce « quelqu'un », ils ont constaté que le bonheur leur échappait toujours. Ils se sont mis à poursuivre ce bonheur, engourdissant leur mal de vivre jusqu'à l'anéantissement par des excès d'alcool, de tabac et de nourriture. Ils n'ont jamais découvert la véritable source du bonheur. De ce fait, votre bonheur ne dépend pas de vos relations mais de vous-même.

De la même manière qu'une semence germe et croît dans un environnement précis, un homme ou une femme prend son essor dans un environnement humain. Souvent les gens, lorsqu'ils prennent cet essor, pensent qu'ils ne le doivent qu'à eux-mêmes. N'oubliez pas que de nombreuses personnes essaient de rendre leur vie meilleure mais sont tirées vers le bas par leur entourage.

Ce tableau sombre ne doit pas être vu comme une difficulté mais un défi à relever. En commençant par être l'auteur du bonheur des autres. Si notre regard sur la société ne voit que le mal, il fait naître le pessimisme qui conduit à la stagnation de notre société. Or, si nous sommes arrivés à ce stade, c'est parce que les générations qui nous ont précédés ont transformé leurs problèmes et leurs difficultés en défi.

La transformation des problèmes et des difficultés en défi est toujours due au besoin d'être reconnu. Tout homme (ou femme) a besoin d'être reconnu par les autres. Ce besoin est en chacun de nous. Si nous voulons que nous relations soient bénéfiques, nous ne devons pas faire aux autres ce que nous ne voulons pas que les autres nous fassent.

Le fait de connaître l'importance des relations ne nous fait pas éviter les conflits. Tchoumba définit le conflit comme une relation entre deux ou plusieurs parties qui ont ou qui pensent avoir des objectifs incompatibles [6]. Les conflits sont inévitables mais pas souhaitables. Ne commettez pas cette erreur. Quand vous éprouvez de l'affection pour quelqu'un (ami, conjoint, parent, collègue...) exprimez-la, et faites-le tant que vous en avez la possibilité.

Les relations avec les autres paraissent souvent difficiles. La connaissance et la compréhension de l'être peut vous aider. S'il y a quelque chose de commun à tous, c'est le besoin d'être reconnu. Ce qui se résume par le respect et la considération de tous.

---

[6] Tchoumba B., *Médiation sociale et gestion des conflits*, Cours inédit, CES/TFT Yaoundé, 2012.

Les relations et la destinée

On ne peut pas entrer dans sa destinée sans relations. Certains problèmes ne trouvent leur solution que par de bonnes relations. Ce n'est pas la quantité de personnes qui vous ont amené vers votre destinée qui compte, mais c'est leur qualité. Je n'ignore pas l'importance de la quantité. Nous n'avons pas tous besoin de la même quantité de personnes pour parvenir à nos fins. C'est comme dans la construction : toutes les maisons n'ont pas besoin de la même quantité des briques.

Mwembia Kabeya a dit : " *Si quelqu'un peut s'asseoir à l'ombre d'un arbre, c'est que quelqu'un l'a planté. Leçon : le monde existe depuis des millénaires. Pas un problème qui n'ait de solutions. Celle de votre problème se trouve quelque part. Il vous faut trouver la bonne personne*".

Dans toutes relations humaines, les quatre opérateurs de l'arithmétiques interviennent, à savoir : la soustraction, l'addition, la division et la multiplication, c'est-à-dire la soustraction de la solitude, une addition de vos différences, une division de vos responsabilités et une multiplication de vos capacités.

Les gens sortent de formation avec de grands diplômes prestigieux mais avec une ignorance éloquente des relations humaines. Dans la réalité, l'éducation ne favorise pas toujours la maturité affective. La méfiance devient alors, par la force des choses, l'attitude de défense la plus usuelle contre la possibilité d'échec ; elle est donc un produit culturel et elle se confirme comme une maladie de la société. L'autre nous révèle à nous-même et se révèle à nous, il fait apparaître par sa présence nos qualités et nos défauts, il transforme notre existence pour en faire un paradis ou un enfer.

Nous avons tous besoin les uns des autres quoique nous ne recevions rien de personne, déclare Malebranche. C'est là une vérité qui révèle l'indiscutable besoin d'échange mais également les difficultés à croire en la bonne volonté d'autrui. Parler de relations humaines sans se référer au contexte culturel et économique à l'intérieur duquel l'individu tisse ses rapports aux autres relève de l'utopie si, au niveau des institutions, petites ou grandes, persistent des rapports de domination et si, sous l'influence de facteurs étrangers à l'esprit humaniste, les inégalités se renforcent inexorablement.

Dans notre vie quotidienne, nous avons tous besoin d'établir avec nos semblables des relations saines et bienveillantes, de bonnes relations de travail, affranchies de toute acerbité, car notre nature humaine fait de nous des êtres sociaux et éduqués.

Le « Crabisme »

On désigne ainsi un ensemble de personnes qui se haïssent et cherchent à se nuire. Normalement, dans une équipe soudée, il y a ce qu'on appelle "un esprit d'équipe", tous les membres travaillent main dans la main pour construire ensemble leur projet.

Et puis il y a le panier de crabes, une équipe où ne règne aucun esprit, si ce n'est du mauvais esprit, celui de nuisance envers ses petits 'camarades', souvent caché sous une façade de bonne entente, comme on en trouve dans notre société. Le panier de crabes est aussi le royaume de la « peau de banane », de la rumeur assassine et de l'ambiance détestable.

C'est par allusion à ce panier ou ce casier où les 'pêcheurs' de crabes les entassent et où les pinces menaçantes grouillent, donnant l'impression qu'ils cherchent à s'entredévorer, que cette expression est née au cours de la première moitié du XXe siècle.

Si vous mettez une douzaine de crabes dans un panier, naturellement certains vont essayer d'en sortir... mais les autres vont tirer vers le bas tout congénère aventureux, le retenant pour s'assurer qu'il reste dans le panier. On pourrait penser que les gens valent mieux que les crabes... mais est-ce vraiment le cas ? N'y a-t-il pas un comportement humain universel qui nous pousse à être jaloux de quiconque se fait remarquer, et à le ramener dans le panier de l'anonymat et du conformisme ?

La séparation

Félix Wazekwa dit : "Il est évident que si l'arbre se sépare de certaines de ses feuilles, c'est pour que d'autres, moins abimées, puissent apparaître. Ainsi va le cycle qui équilibre la pousse de l'arbre.

Lorsque l'arbre fait tomber ses propres feuilles, c'est donc une sorte de séparation vitale. Il en est de même des relations humaines. Certaines personnes nous quitterons bon gré mal gré. Nous nous séparerons d'autres. Parce qu'il y a des gens qui ne sont pas avec nous pour toujours. De nos jours, le mot « séparation » a pris une mauvaise connotation : il évoque par moments l'idée de la détérioration d'une relation, de la fin d'une entente ou des liens qui se brisent. Ce mot a pris à tort une signification assez hasardeuse et problématique. La séparation est devenue cette bande passante annonciatrice de mauvaise nouvelle. Il nous faudra comprendre que nous ne sommes pas des siamois. La Bible dit : « Deux personnes ne marchent pas ensemble sans s'accorder ». Une séparation entre deux personnes est la conséquence normale de ce qui doit arriver lorsque l'entente n'est plus de mise ou qu'on ne partage plus la même vision. Mais c'est par la séparation que certaines améliorations, évolutions ou destructions ont pu avoir lieu.

A qui profite votre vie ?

Nous cherchons tous à avoir de bonnes relations avec notre entourage immédiat. Mais la question à se poser est : « Suis-je la bonne personne ? » en d'autres termes, « Suis-je la personne sur laquelle les autres peuvent compter ? ».Nos déceptions par rapport à quelques personnes ne devraient pas nous empêcher de croire aux autres. Sénèque disait *: « Aucun homme ne peut vivre heureux s'il ne regarde que lui-même ; s'il ne tourne tout qu'à son propre avantage, vous devez vivre pour les autres si vous souhaitez vivre pour vous-même ».*

Nous nous plaignons souvent que certaines personnes ne nous rendent pas toujours les services que nous attendons d'eux. Avant de nous plaindre, il faut d'abord nous demander si nous faisons ce que les autres attendent de nous. Sans cela, nous sommes dans une fausse attente.

Le fait de nous rendre service réciproquement ne doit pas nous faire oublier qu'il y a des tâches à accomplir seul.

A la question de savoir : « A qui profite votre vie ? » Il y a deux réponses : soit nous sommes des charges, comme en comptabilité, et une charge est une cause d'appauvrissement. (En relations humaines, ce sont ces personnes dont il ne faut attendre aucun service. Elles aiment recevoir mais ne donnent pas en retour. Ce que les autres ont représente beaucoup. Ce qu'elles ont est toujours trop peu.) Soit nous sommes des produits, et un produit est une source d'enrichissement. C'est le contraire d'une charge.

Il n'est pas trop tard pour venir en aide aux autres. Mais on ne donne que ce que l'on a. Maxwell, nous donne cet exemple : « *La dernière fois que vous avez pris l'avion, vous avez probablement entendu l'hôtesse de l'air vous donner des directives à suivre en cas d'urgence. Si l'avion est en train de se dépressuriser et que les passagers doivent utiliser des masques à oxygène, que sont-ils censés faire en premier ? Mettre d'abord leur masque et venir en aide aux autres par la suite. Pourquoi en est-il ainsi ? Parce qu'il est impossible de venir en aide aux autres si l'on n'a pas pris soin de soi-même.* Il ajoute en disant : *Lorsque vous arrêtez de vous inquiéter de vous-même et commencez à regarder les autres et ce qu'ils désirent, vous construisez un pont vers eux, et vous devenez celui que les autres veulent autour d'eux. Ces principes sont les clés pour entrer en contact.* »

La vie est un écho

Danny Hameau a dit : "*La vie est faite de relations. L'homme est relationnel. Que nous soyons jeune ou âgé, riche ou pauvre, homme ou femme, les relations personnelles constituent sur la terre le capital le plus précieux que nous ayons à gérer. Elles sont essentielles et précieuses, car ce sont elles qui nous permettent de vivre les plus grandes joies sur la terre. Précieuses, mais aussi, comme tout ce qui a de la valeur, très fragiles*".

Le travail indispensable qui nous incombe est de savoir comment notre relation avec nous-mêmes affecte nos relations avec les autres, et dans quelle mesure cela est important pour l'éducation de notre cœur. Une des meilleures façons d'éduquer notre cœur consiste à nous pencher sur notre rapport aux autres, car nos relations avec eux reflètent fondamentalement notre relation avec nous-mêmes.

Nous vivons dans un monde qui promeut à la fois l'orgueil, la solitude et la vie communautaire avec comme mot d'ordre : « Chacun chez soi ». Tout se fait à distance. Ce sont "les avancées technologiques". Cela ne remplacera pas le contact physique. Vous n'avez jamais entendu quelqu'un dire au téléphone : « Je n'en parlerai que lorsque nous nous rencontrerons ». Nous vivons aussi dans une société qui croit en la compétition, qui distingue les gagnants des perdants, comme si tous les rapports humains devaient aboutir au triomphe des uns et à la défaite des autres.

Même l'argent ne permet pas de régler ses propres affaires tout seuls. Ndoki Kitekutu a dit : "*Si tout se monnayait, l'amour du prochain n'aurait plus sa raison d'être*". Beaucoup de gens commettent encore l'erreur de croire que tous leurs problèmes se régleraient d'eux-mêmes s'ils avaient suffisamment d'argent. En soi, gagner plus d'argent ne nous dispense pas de l'aide des autres. L'argent est un moyen et non une fin en soi. Le succès financier n'a aucune valeur si nous ne pouvons pas le partager. Notre désir le plus profond est d'établir des liens étroits avec les autres.

Enfin la vie est un écho. Ce que nous offrons nous revient. Cette histoire, racontée par Zig Ziglar, est des plus éloquentes : "*Un petit garçon, dans un moment de rage, crie à sa mère qu'il la hait. Craignant sans doute d'être puni, il sort en courant de la maison et se rend sur une colline d'où il crie : « je te hais, je te hais, je te hais, je te hais ! » Surpris, le petit garçon court chez lui dire à sa mère qu'un méchant petit garçon dans la vallée crie qu'il le hait. La mère le ramène sur la colline et lui dit de crier : « Je t'aime, je t'aime, je t'aime ». Le petit garçon le fait et cette fois il découvre qu'il y a en bas dans la vallée un autre petit garçon qui dit : « je t'aime, je t'aime ». Je répète, la vie est un écho. Ce que nous offrons nous revient. Nous récoltons ce que nous avons semé. Nous recevons comme nous avons donné.*

Nous voyons dans les autres. Qui que vous soyez, quelle que soit votre occupation, si vous cherchez le meilleur moyen d'obtenir le plus possible de la vie dans tous les domaines, vous devez chercher le bien en tous et en toute situation et faire de cette règle d'or votre règle de vie".

Références Bibliographiques

Attali, J., *Devenir soi*. Paris, Fayard, 2014.

Baud, F., *Les relations humaines*. Paris, Coll. Que sais-je ? Presses Universitaires de France, 1989.

Carnegie, D., *Comment trouvez les leaders en vous* ? Paris, Hachette, 1994.

Carnegie, D., *Comment dominer le stress et les soucis*, Paris, Flammarion, 2004.

Chappuis, R., *Les relations humaines : La relation à soi et aux autres*, Paris, Editions Vigot, 1994.

Chappuis, R., *La psychologie des relations humaines*. Paris, Coll. Que sais-je ? Presses universitaires de France, 2011.

Covey, R. S., *L'étoffe des leaders*. Paris, Coll. « Bien-être », J'ai lu, 2006.

Covey, R. S., *Priorité aux priorités*, Paris, Coll. « Bien-être », J'ai lu, 1994.

Covey, R. S., *Les sept habitudes de ceux qui réalisent tout ce qu'ils entreprennent*, Paris, Coll. « Bien-être », J'ai lu, 2004.

Définition de relations humaines - Concept et Sens http://lesdefinitions.fr/relations-humaines#ixzz4nxKaSEkl

Elrod, H., *Miracle Morning*. Paris, Editions First, 2016.

Giordano, R., *Ta deuxième vie commence quand tu comprends que tu n'en as qu'une*, Paris, Groupe Eyrolles, 2015.

Hameau, D., *Des relations transformées*, Pontault Combault, Editions Farel, 2010.

Hill, N., *Réfléchissez et devenez riche*, Paris, Coll. « Bien-être », J'ai lu, 2007.

http://bizcampus.co/7-attitudes-creer-des-relations-humaines-centres

http://lesdefinitions.fr/relations-humaines#ixzz4Uo4END00

http://projetchangerdevie.com/comment-batir-de-bonnes-relations-de-travail/

http://www.cedricbrehaut.com/fr/2011/11/29/panier-de-crabes/

http://www.cnrtl.fr/definition/arithm%C3%A9tique

http://www.expressio.fr/expressions/un-panier-de-crabes.php

https://www.afrikmag.com/relations-humaines-quatre-types-de-relations-quon-rencontre-vie/

Kasay, Dede, *Le vrai concept du leadership*. Kingdom Leadership Center, 2008.

Lire tout: Définition de relations humaines - Concept et Sens http://lesdefinitions.fr/relations-humaines#ixzz4Uo4END00

Maxwell, J. C., *Réussir avec les autres*. Groupe International et de Diffusion Varennes, 2006.

Maxwell, J. C., *Du rêve à la réalité*, Québec, Editions du Trésor Caché, 2010.

Maxwell, J. C., *Pensez succès*. Québec, Editions du Trésor Caché, 2017.

Robbins, A., *Pouvoir illimité*, Paris, Editions J'ai lu, 1999.

Robbins. A., *L'éveil de votre puissance intérieure*, Paris, Editions J'ai lu, 2007.

Wazekwa, F., *Les petits bonbons de la sagesse*, Paris, Editions Bergame, 2017.

www.cnrtl/definition/faute

Zamenga, B., *La littérature en Afrique*, Zaïre, Centre de zabatologie Kinshasa, RDC, 1989.

Zig Ziglar, *Rendez-vous au sommet*. Seizième édition, Paris, Les Editions « Un monde différent », 1995.

Nous souhaitons recevoir vos commentaires. Veuillez nous envoyer vos remarques sur ce livre à l'adresse e-mail :
visionbiospherebusiness@gmail.com

Notes personnelles

Notes personnelles